This is the story of our three friends.
They travel everywhere in a hot air balloon!

Esta es la historia de nuestros tres amigos.
¡Ellos viajan a todas partes en un globo!

This is Ms. Giraffe in her pink dress,
she is sitting in a rocking chair and she looks spotless!

Esta es la Sra. Jirafa con su vestido rosa,
ella está sentada en una mecedora y ¡se ve impecable!

Ms. Giraffe was born in Africa,
she is the tallest animal and she has a very long neck.

La Sra. Jirafa nació en África,
ella es el animal más alto y tiene un cuello muy largo.

Meet Mr. Donkey with his big hat,
it's full of colors and the top is flat.

Conoce al Sr. Asno, con su sombrero grande,
lleno de colores y es de copa plana.

He likes to eat grass with his flat teeth
and he hears you better with his big ears.

Le gusta comer hierba con sus dientes planos
y con sus orejas grandes te escucha mejor.

This is Mr. Monkey, he wears glasses.
they're big and clunky!

Este es el Sr. Mono, el usa lentes.
¡Son grandes y gruesos!

He lives in the trees, he eat a variety of foods, such
as fruit, insects and leaves.

El vive en los árboles, come una variedad de
alimentos, como frutas, insectos y hojas.

Off to America, they go together
and meet Ms.Turtle in sunny weather.

Juntos van a América
y conocen a la Sra.Tortuga en un clima soleado.

She digs in the ground to make her nest,
and underground she lays her eggs.

Ella excava la tierra para hacer su nido
y en lo profundo, ella pone sus huevos.

Down to South America go the three
and meet Ms.Toucan in a tree.

Los tres amigos bajan hasta Suramérica
y en un árbol conocen a la Sra.Tucán.

With her long beak, she looks for food
and feeds her chicks insects and fruits.

Con su pico largo, ella busca comida
y alimenta a sus pichones con insectos y frutas.

To Antarctica the three friends go next,
and meet Mr. Penguin on his egg.

Para Antártida los tres amigos van despues
y conocen al Sr. Pingüino que esta sobre su huevo.

For a bird Mr. Penguin is big,
he doesn't fly but he can swim.

El Sr. Pingüino es un pájaro grande
el no vuela, pero puede nadar.

Then to Europe go the three friends
and meet Ms. Sheep behind a fence.

Los tres amigos a Europa van y
conocen a la Sra. Oveja detrás de una cerca.

Ms. Sheep feeds from dawn to dusk
and always stays close to her flock.

La Sra. Oveja se alimenta desde el amanecer hasta el
atardecer y se mantiene siempre cerca de su cordero.

They go to Australia on the balloon
and there they meet Ms. Kangaroo

En su globo ellos van para Australia
y se encuentran con la Sra. Canguro.

With her big feet, she hops around,
carrying her joey in a big pouch.

Ella salta por los alrededores con sus largas patas,
llevando a su cría en una bolsa grande.

To Asia, they go in their balloon,
where Ms. Panda eats some Bamboo.

En su globo, ellos viajan a Asia y ven a
la Sra. Panda comiendo un poco de bambú.

She is a bear with a strong bite.
She likes to climb and her colors are black and white.

Ella es una osa con una fuerte mordida.
A ella le gusta trepar y es de color blanco y negro.

Our three friends had a good time,
we"ll meet them again, now say BYE BYE!

Nuestros tres amigos la pasaron muy bien.
Seguro los veremos de nuevo, despídete ¡ADIOS!

Created by Kei Moreno & Katherine Morera
Photography by Kei Moreno
Edited by Erika Cano

Los Angeles California.

www.ingramcontent.com/pod-product-compliance
Lightning Source LLC
Chambersburg PA
CBHW040812300326
41914CB00065B/1496